Impressum
Verlag: BABADADA GmbH, Nedderfeld 112 , 22529 Hamburg
Geschäftsführer / Verlagsleitung: Harald Hof
Druck: Books on Demand GmbH, In de Tarpen 42, 22848 Norderstedt

Imprint
Publisher: BABADADA GmbH, Nedderfeld 112 , 22529 Hamburg, Germany
Managing Director / Publishing direction: Harald Hof
Print: Books on Demand GmbH, In de Tarpen 42, 22848 Norderstedt

l'école

Schule

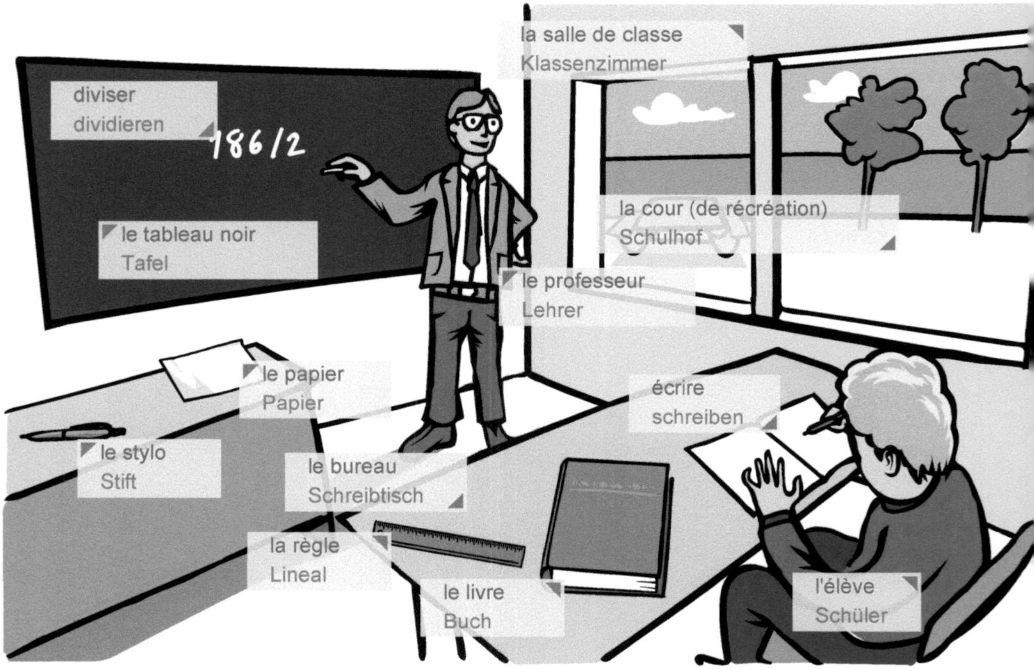
la salle de classe
Klassenzimmer
diviser
dividieren
186/2
le tableau noir
Tafel
la cour (de récréation)
Schulhof
le professeur
Lehrer
le papier
Papier
écrire
schreiben
le stylo
Stift
le bureau
Schreibtisch
la règle
Lineal
le livre
Buch
l'élève
Schüler

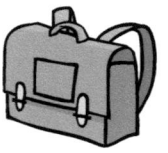

le cartable

Ranzen

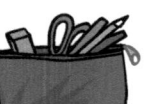

la trousse

Federmappe

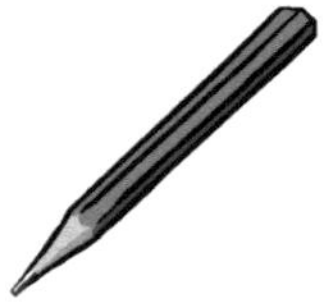

le crayon

Bleistift

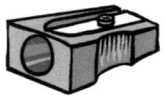

le taille-crayon

Bleistiftanspitzer

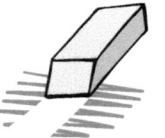

la gomme

Radiergummi

le carnet à dessin

Zeichenblock

le dessin
Zeichnung

le pinceau
Pinsel

la boîte de peinture
Malkasten

les ciseaux
Schere

la colle
Klebstoff

le cahier d'exercices
Übungsheft

les devoirs
Hausaufgabe

12

le chiffre
Zahl

2+2

additionner
addieren

5-2

soustraire
subtrahieren

2×2

multiplier
multiplizieren

calculer
rechnen

A

la lettre
Buchstabe

ABCDEFG
HIJKLMN
OPQRSTU
VWXYZ

l'alphabet
Alphabet

hello

le mot
Wort

le texte

Text

lire

lesen

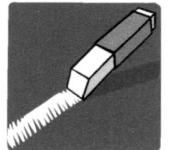

la craie

Kreide

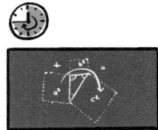

la leçon

Stunde

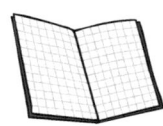

le livre de classe

Klassenbuch

l'examen

Prüfung

le certificat

Zeugnis

l'uniforme scolaire

Schuluniform

la formation

Ausbildung

le lexique

Lexikon

l'université

Universität

le microscope

Mikroskop

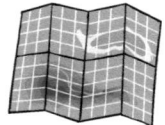

la carte

Karte

la corbeille à papier

Papierkorb

le voyage
Reise

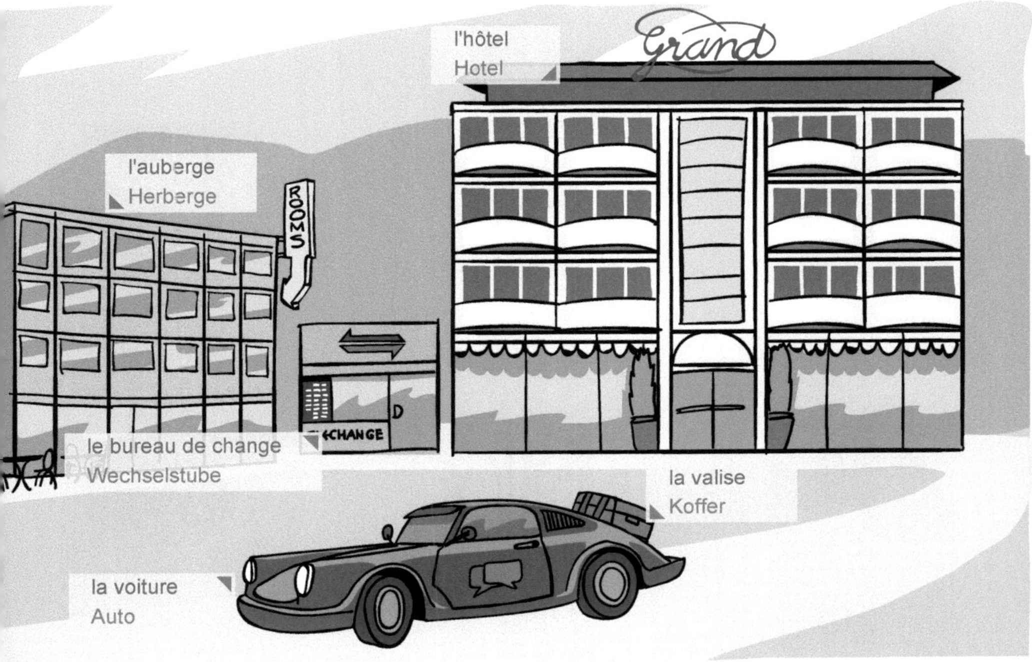
l'hôtel
Hotel
Grand
l'auberge
Herberge
ROOMS
le bureau de change
Wechselstube
CHANGE
la valise
Koffer
la voiture
Auto

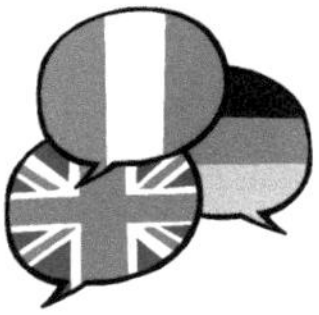

la langue

Sprache

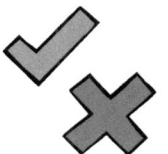

oui / non

ja / nein

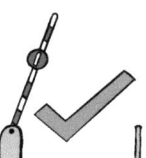

d'accord

Okay

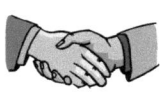

Salut

Hallo

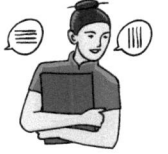

l'interprète

Übersetzer

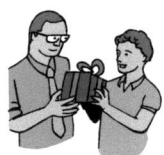

merci

Danke

Combien coûte...?

Was kostet...?

Je ne comprends pas

Ich verstehe nicht

le problème

Problem

Bonsoir !

Guten Abend!

Bonjour !

Guten Morgen!

Bonne nuit !

Gute Nacht!

Au revoir

Auf Wiedersehen

la direction

Richtung

les bagages

Gepäck

le sac

Tasche

le sac-à-dos

Rucksack

l'hôte

Gast

la pièce

Zimmer

le sac de couchage

Schlafsack

la tente

Zelt

le voyage - Reise

l'office de tourisme

Touristeninformation

la plage

Strand

la carte de crédit

Kreditkarte

le petit-déjeuner

Frühstück

le déjeuner

Mittagessen

le dîner

Abendessen

le billet

Fahrkarte

l'ascenseur

Fahrstuhl

le timbre

Briefmarke

la frontière

Grenze

la douane

Zoll

l'ambassade

Botschaft

le visa

Visum

le passeport

Pass

le transport
Transport

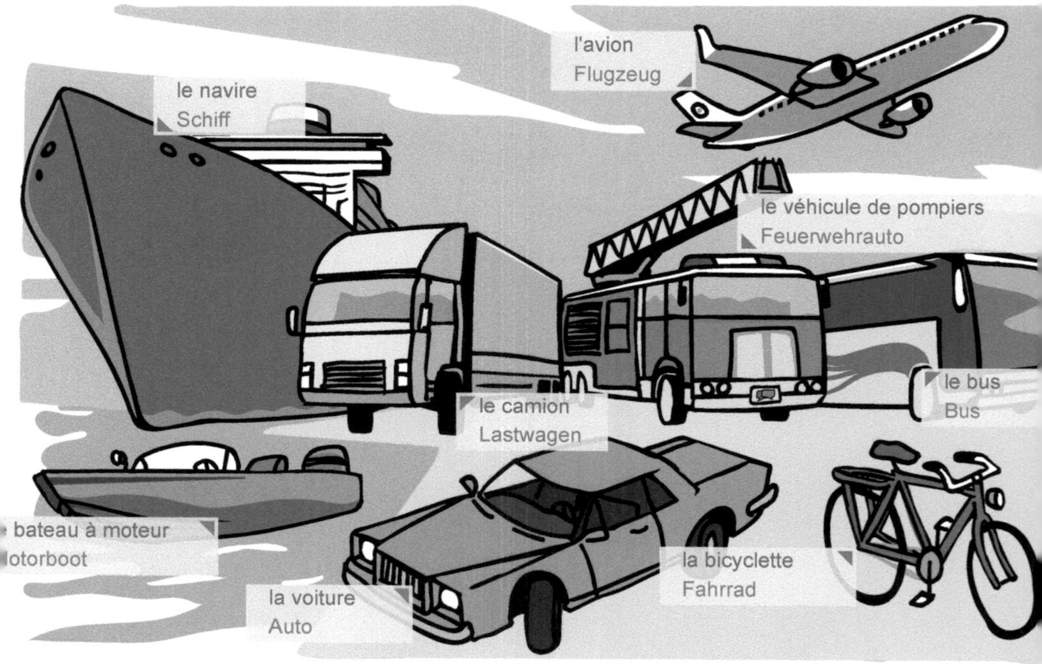

l'avion
Flugzeug
le navire
Schiff
le véhicule de pompiers
Feuerwehrauto
le bus
Bus
le camion
Lastwagen
bateau à moteur
otorboot
la bicyclette
Fahrrad
la voiture
Auto

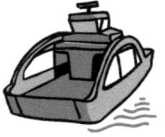

le ferry

Fähre

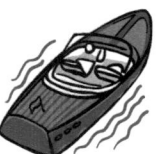

la barque

Boot

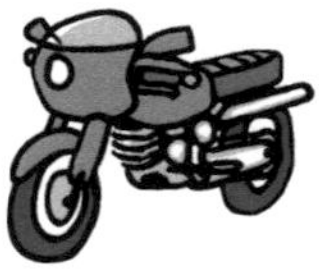

la moto

Motorrad

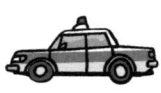

la voiture de police

Polizeiauto

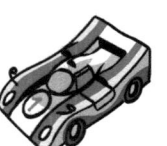

la voiture de course

Rennauto

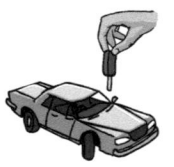

la voiture de location

Mietwagen

l'auto-partage

Carsharing

la voiture de remorquage

Abschleppwagen

la benne à ordures

Müllauto

le moteur

Motor

l'essence

Kraftstoff

la station d'essence

Tankstelle

e panneau indicateur

Verkehrsschild

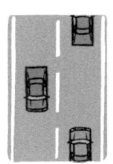

le trafic

Verkehr

l'embouteillage

Stau

le parking

Parkplatz

la gare

Bahnhof

les rails

Schienen

le train

Zug

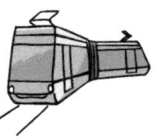

le tramway

Straßenbahn

le wagon

Wagon

le transport - Transport

l'hélicoptère

Helikopter

l'aéroport

Flughafen

la tour

Tower

le passager

Passagier

le conteneur

Container

le carton

Karton

le chariot

Karren

la corbeille

Korb

décoller / atterrir

starten / landen

la ville

Stadt

le village

Dorf

le centre-ville

Stadtzentrum

la maison

Haus

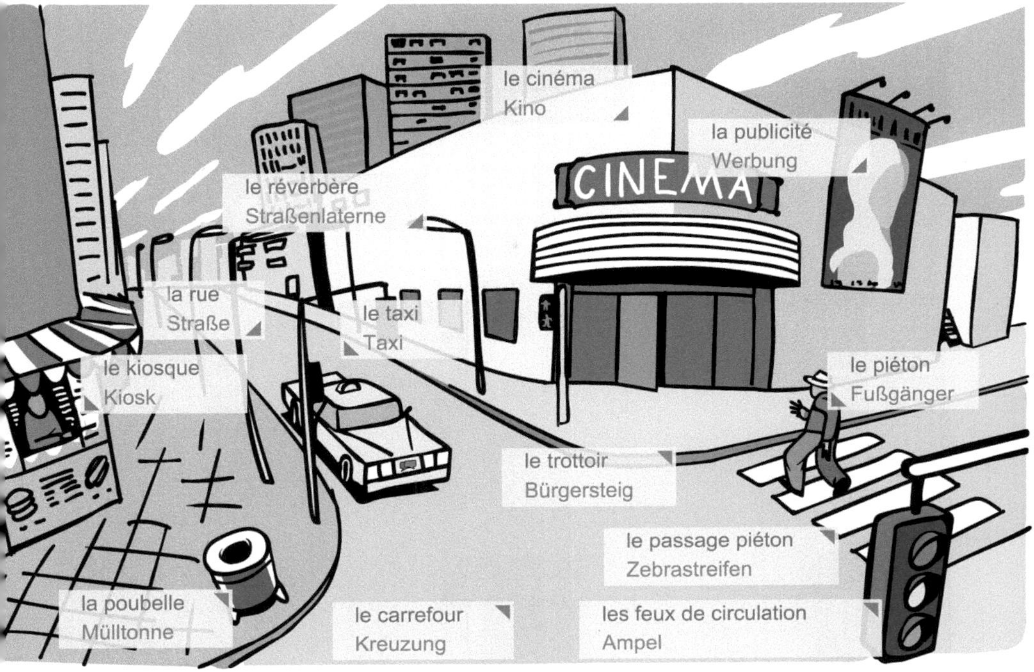

le cinéma
Kino

la publicité
Werbung

le réverbère
Straßenlaterne

la rue
Straße

le taxi
Taxi

le kiosque
Kiosk

le piéton
Fußgänger

le trottoir
Bürgersteig

le passage piéton
Zebrastreifen

la poubelle
Mülltonne

le carrefour
Kreuzung

les feux de circulation
Ampel

CINEMA

la cabane
Hütte

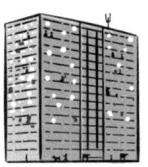

l'appartement
Wohnung

la gare
Bahnhof

la mairie
Rathaus

le musée
Museum

l'école
Schule

l'université

Universität

la banque

Bank

l'hôpital

Krankenhaus

l'hôtel

Hotel

la pharmacie

Apotheke

le bureau

Büro

la librairie

Buchhandlung

le magasin

Geschäft

le fleuriste

Blumenladen

le supermarché

Supermarkt

le marché

Markt

le grand magasin

Kaufhaus

la poissonnerie

Fischhändler

le centre commercial

Einkaufszentrum

le port

Hafen

le parc

Park

la banque

Bank

le pont

Brücke

les escaliers

Treppe

le métro

U-Bahn

le tunnel

Tunnel

l'arrêt de bus

Bushaltestelle

le bar

Bar

le restaurant

Restaurant

la boîte à lettres

Briefkasten

le panneau indicateur

Straßenschild

le parcmètre

Parkuhr

le zoo

Zoo

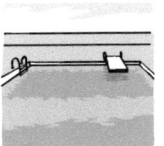

le réverbère

Badeanstalt

la mosquée

Moschee

la ferme

Bauernhof

la pollution

Umweltverschmutzung

la cimetière

Friedhof

l'église

Kirche

l'aire de jeux

Spielplatz

le temple

Tempel

le paysage
Landschaft

la feuille
Blatt

le panneau indicateur
Wegweiser

le chemin
Weg

le pré
Wiese

la pierre
Stein

l'arbre
Baum

le randonneur
Wanderer

la rivière
Fluss

l'herbe
Gras

la fleur
Blume

la vallée
Tal

la montagne
Berg

le lac
See

la forêt
Wald

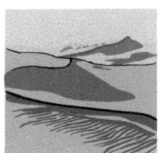

le désert
Wüste

le volcan
Vulkan

le château
Schloss

l'arc-en-ciel
Regenbogen

le champignon
Pilz

le palmier
Palme

le moustique
Moskito

la mouche
Fliege

les fourmis
Ameise

l'abeille
Biene

l'araignée
Spinne

le coléoptère

Käfer

la grenouille

Frosch

l'écureuil

Eichhörnchen

le hérisson

Igel

le lièvre

Hase

la chouette

Eule

l'oiseau

Vogel

le cygne

Schwan

le sanglier

Wildschwein

le cerf

Hirsch

l'élan

Elch

le barrage

Staudamm

l'éolienne

Windrad

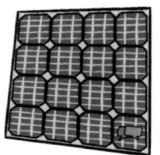

le panneau solaire

Solarmodul

le climat

Klima

le restaurant
Restaurant

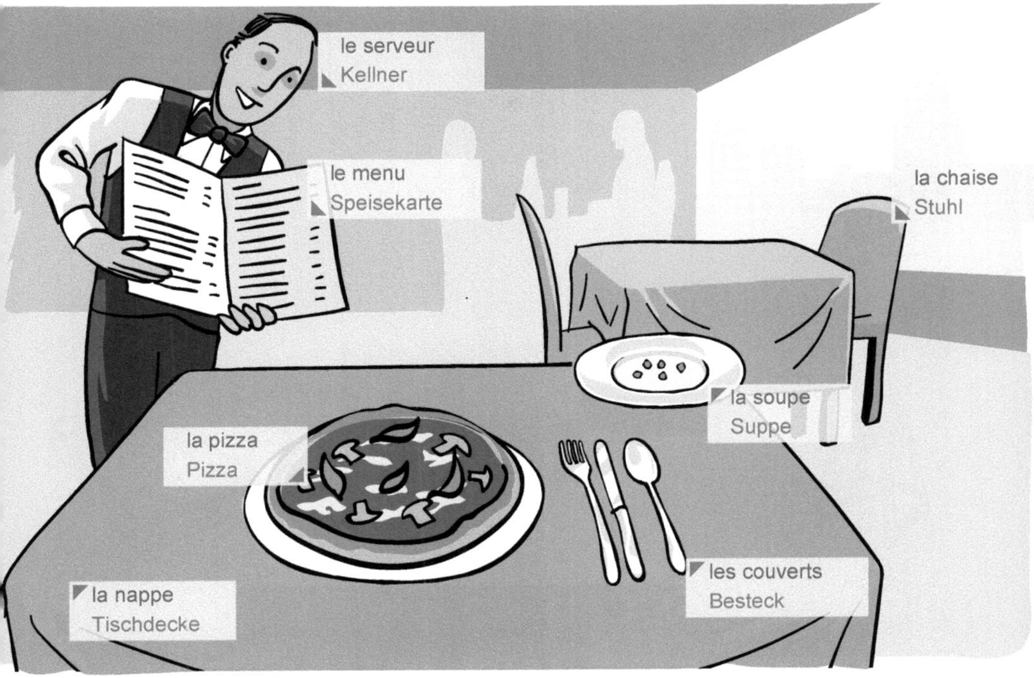
le serveur
Kellner
le menu
Speisekarte
la chaise
Stuhl
la soupe
Suppe
la pizza
Pizza
les couverts
Besteck
la nappe
Tischdecke

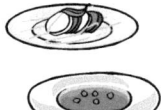

les hors d'œuvre
Vorspeise

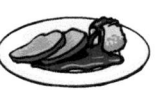

le plat principal
Hauptgericht

le dessert
Nachspeise

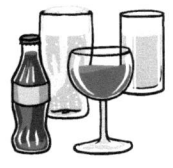

les boissons
Getränke

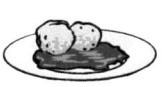

l'alimentation
Essen

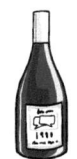

la bouteille
Flasche

le fast-food
Fastfood

les plats à emporter
Streetfood

la théière
Teekanne

le sucrier
Zuckerdose

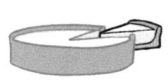

la portion
Portion

la machine à expresso
Espressomaschine

la chaise haute
Hochstuhl

la facture
Rechnung

le plateau
Tablett

le couteau
Messer

la fourchette
Gabel

la cuillère
Löffel

la cuillère à thé
Teelöffel

la serviette
Serviette

le verre
Glas

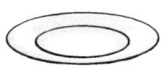

l'assiette
Teller

l'assiette à soupe
Suppenteller

la soucoupe
Untertasse

la sauce
Sauce

la salière
Salzstreuer

le moulin à poivre
Pfeffermühle

le vinaigre
Essig

l'huile
Öl

les épices
Gewürze

le ketchup
Ketchup

la moutarde
Senf

la mayonnaise
Mayonnaise

le supermarché

Supermarkt

l'offre promotionnelle
Angebot
FOR
le client
Kunde
les produits laitiers
Milchprodukte
les fruits
Obst
le chariot
Einkaufswagen

BUTCHERS

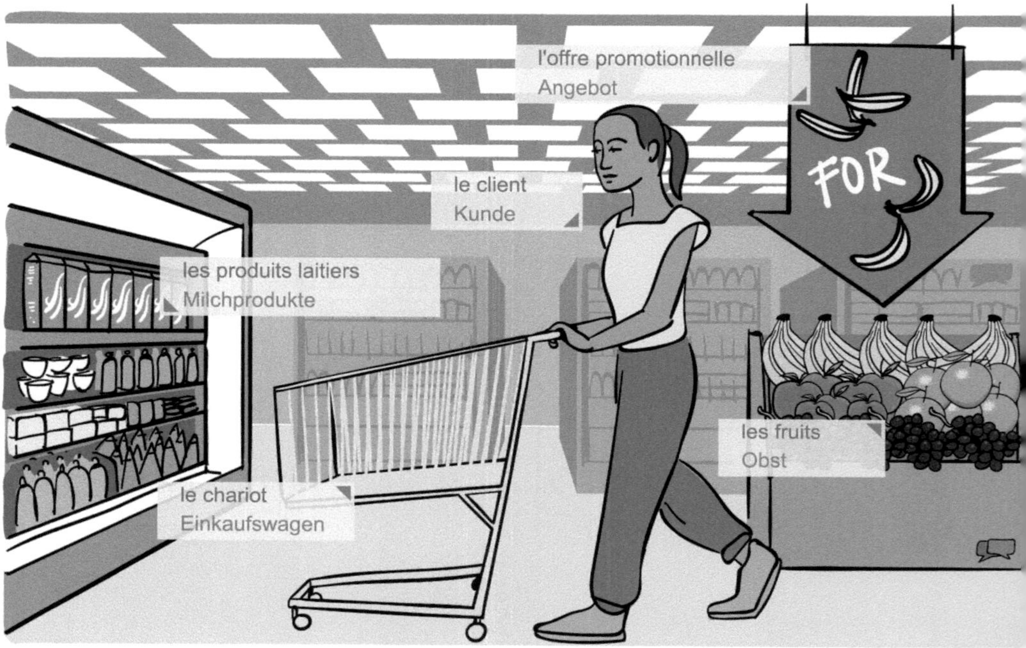

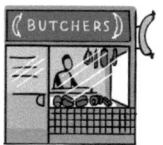

la boucherie

Schlachterei

BAKERY

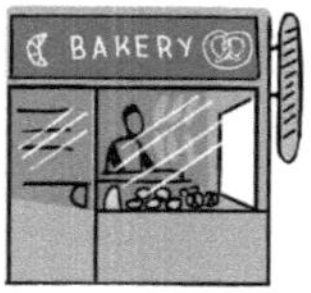

la boulangerie

Bäckerei

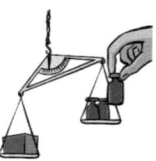

peser

wiegen

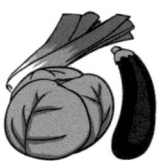

les légumes

Gemüse

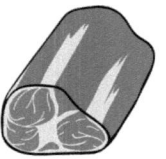

la viande

Fleisch

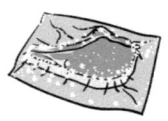

les aliments surgelés

Tiefkühlkost

la charcuterie

Aufschnitt

les conserves

Konserven

la poudre à lessive

Waschmittel

les bonbons

Süßigkeiten

les articles ménagers

Haushaltsartikel

les détergents

Reinigungsmittel

la vendeuse

Verkäuferin

la caisse

Kasse

le caissier

Kassierer

la liste d'achats

Einkaufsliste

les heures d'ouverture

Öffnungszeiten

le portefeuille

Brieftasche

la carte de crédit

Kreditkarte

le sac

Tasche

le sac en plastique

Plastiktüte

l'eau

Wasser

le jus de fruit

Saft

le lait

Milch

le coca

Cola

le vin

Wein

la bière

Bier

l'alcool

Alkohol

le chocolat chaud

Kakao

le thé

Tee

le café

Kaffee

l'expresso

Espresso

le cappuccino

Cappuccino

la banane

Banane

la pomme

Apfel

l'orange

Orange

le melon

Melone

le citron.

Zitrone

la carotte

Karotte

l'ail

Knoblauch

le bambou

Bambus

l'oignon

Zwiebel

le champignon

Pilz

les noisettes

Nüsse

les pâtes

Nudeln

les spaghetti

Spaghetti

le riz

Reis

la salade

Salat

les pommes frites

Pommes frites

les pommes de terre rôties

Bratkartoffeln

la pizza

Pizza

le hamburger

Hamburger

le sandwich

Sandwich

l'escalope

Schnitzel

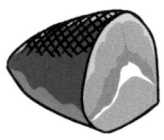

le jambon

Schinken

le salami

Salami

la saucisse

Wurst

le poulet

Huhn

le rôti

Braten

le poisson

Fisch

les flocons d'avoine

Haferflocken

la farine

Mehl

le croissant

Croissant

les petits-pains

Brötchen

le pain

Brot

le pain grillé

Toast

les biscuits

Kekse

le beurre

Butter

le fromage blanc

Quark

le gâteau

Kuchen

l'œuf

Ei

l'œuf au plat

Spiegelei

le fromage

Käse

le muesli

Müsli

les cornflakes

Cornflakes

la glace

Eiscreme

le sucre

Zucker

le miel

Honig

la confiture

Marmelade

la crème nougat

Nougat-Creme

le curry

Curry

la ferme
Bauernhof

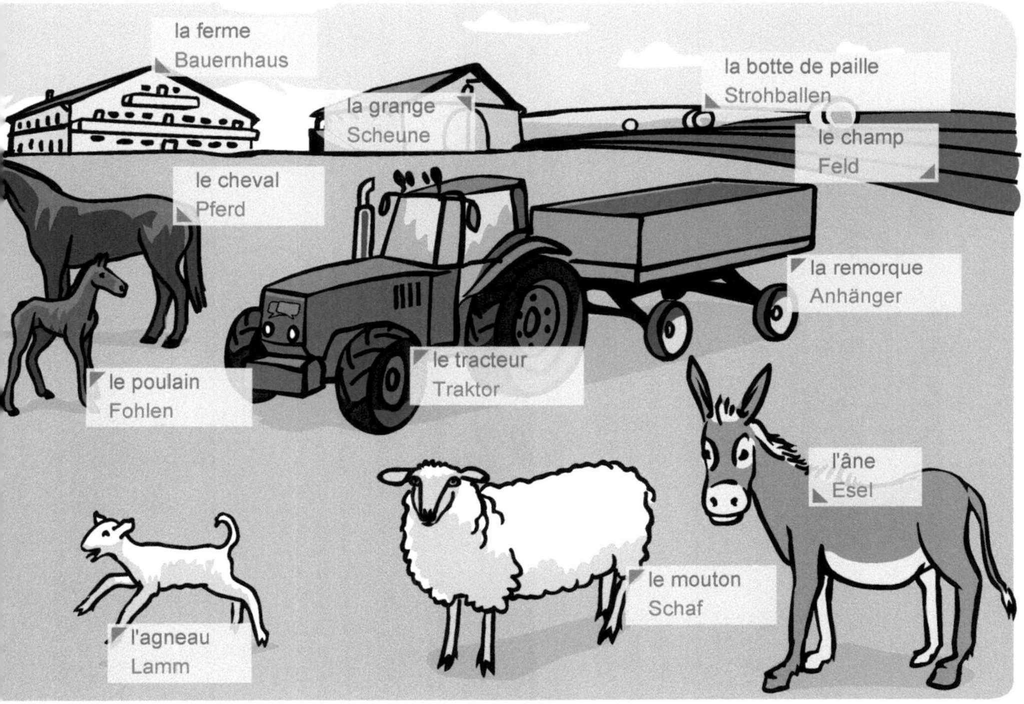
la ferme
Bauernhaus
la grange
Scheune
la botte de paille
Strohballen
le champ
Feld
le cheval
Pferd
la remorque
Anhänger
le tracteur
Traktor
le poulain
Fohlen
l'âne
Esel
le mouton
Schaf
l'agneau
Lamm

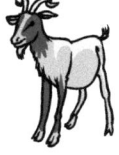

la chèvre

Ziege

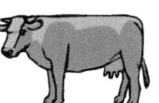

la vache

Kuh

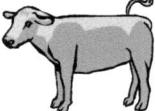

le veau

Kalb

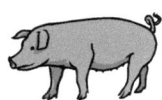

le porc

Schwein

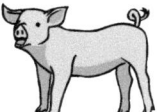

le porcelet

Ferkel

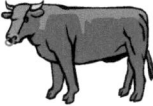

le taureau

Bulle

l'oie

Gans

le canard

Ente

le poussin

Küken

la poule

Huhn

le coq

Hahn

le rat

Ratte

le chat

Katze

la souris

Maus

le bœuf

Ochse

le chien

Hund

le chenil

Hundehütte

le tuyau de jardin

Gartenschlauch

l'arrosoir

Gießkanne

la faucheuse

Sense

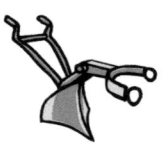

la charrue

Pflug

la faucille

Sichel

la pioche

Hacke

la fourche

Mistgabel

la hache

Axt

la brouette

Schubkarre

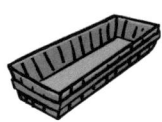

la cuve

Trog

le pot à lait

Milchkanne

le sac

Sack

la clôture

Zaun

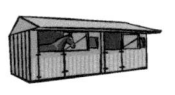

l'étable

Stall

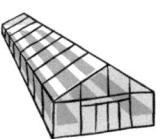

le serre

Treibhaus

le sol

Boden

les semences

Saat

l'engrais

Dünger

la moissonneuse-batteuse

Mähdrescher

récolter
ernten

la récolte
Ernte

l'igname
Yamswurzel

le blé
Weizen

le soja
Soja

la pomme de terre
Kartoffel

le maïs
Mais

le colza
Raps

l'arbre fruitier
Obstbaum

le manioc
Maniok

les céréales
Getreide

la maison
Haus

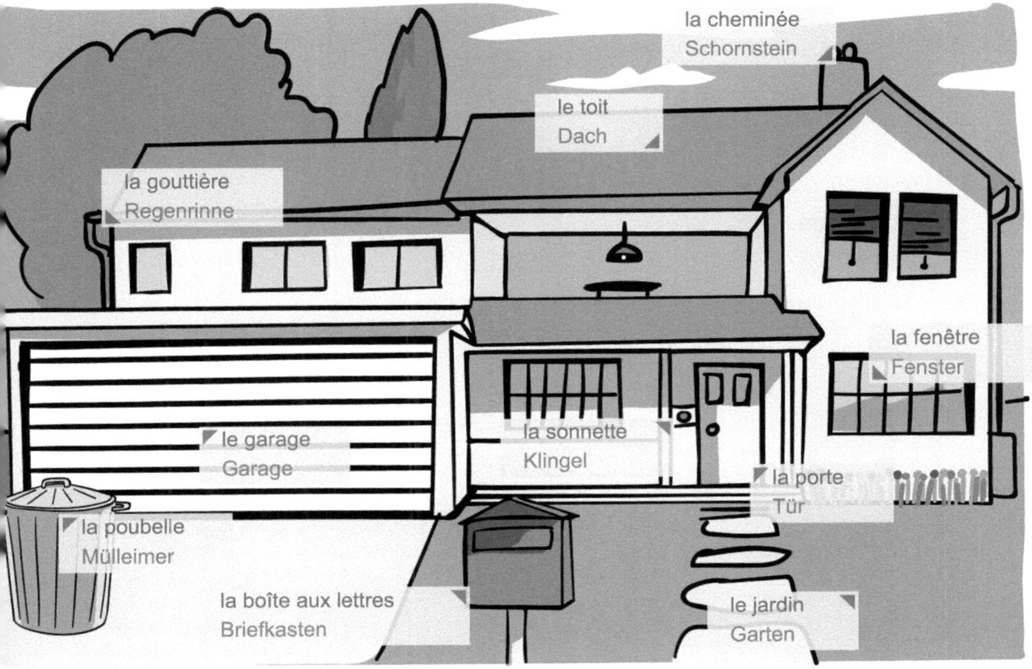
la cheminée
Schornstein
le toit
Dach
la gouttière
Regenrinne
la fenêtre
Fenster
la sonnette
Klingel
le garage
Garage
la porte
Tür
la poubelle
Mülleimer
la boîte aux lettres
Briefkasten
le jardin
Garten

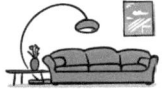

le salon

Wohnzimmer

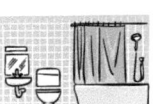

la salle de bain

Badezimmer

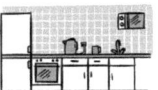

la cuisine

Küche

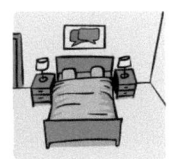

la chambre à coucher

Schlafzimmer

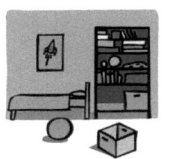

la chambre d'enfant

Kinderzimmer

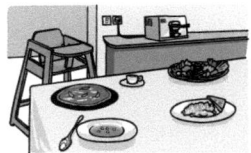

la salle à manger

Esszimmer

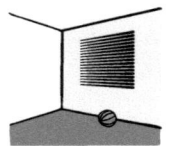

le sol

Boden

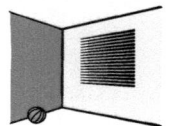

le mur

Wand

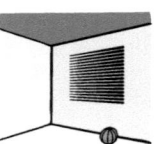

le plafond

Decke

la cave

Keller

le sauna

Sauna

le balcon

Balkon

la terrasse

Terrasse

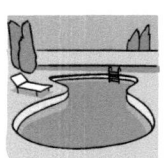

la piscine

Schwimmbad

la tondeuse à gazon

Rasenmäher

la housse

Bettbezug

la couette

Bettdecke

le lit

Bett

le balai

Besen

le sceau

Eimer

l'interrupteur

Schalter

le salon
Wohnzimmer

le papier peint
Tapete
l'image
Bild
la lampe
Lampe
l'étagère
Regal
l'armoire
Schrank
la télé
Fernseher
la cheminée
Kamin
la fleur
Blume
le coussin
Kissen
le sofa
Sofa
le vase
Vase
la télécommande
Fernbedienung

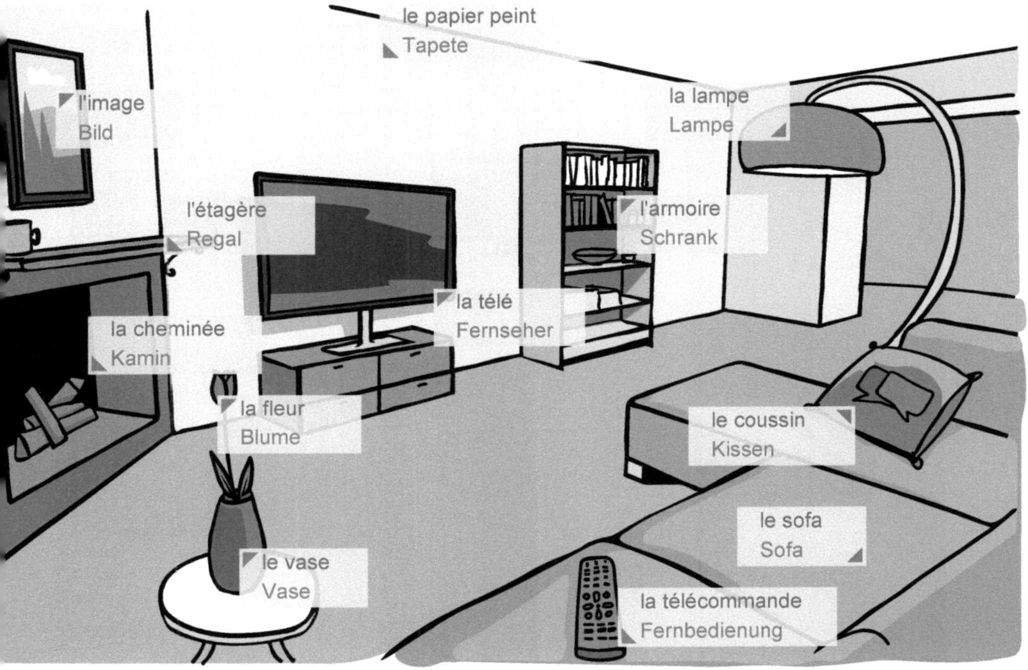

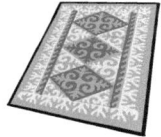

le tapis
Teppich

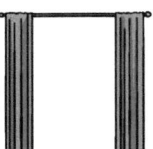

le rideau
Vorhang

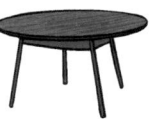

la table
Tisch

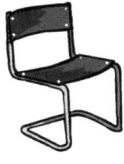

la chaise
Stuhl

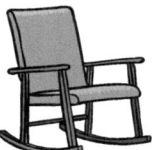

la chaise à bascule
Schaukelstuhl

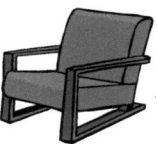

le fauteuil
Sessel

le livre

Buch

la couverture

Decke

la décoration

Dekoration

le bois de chauffage

Feuerholz

le film

Film

la chaîne hi-fi

Stereoanlage

la clé

Schlüssel

le journal

Zeitung

la peinture

Gemälde

le poster

Poster

la radio

Radio

le bloc-notes

Notizblock

l'aspirateur

Staubsauger

le cactus

Kaktus

la bougie

Kerze

la cuisine
Küche

le réfrigérateur
Kühlschrank
le four à micro-ondes
Mikrowelle
la balance de cuisine
Küchenwaage
le grille-pain
Toaster
le détergent
Reinigungsmittel
le four
Backofen
le compartiment congélateur
Gefrierfach
la poubelle
Mülleimer
le lave-vaisselle
Geschirrspüler

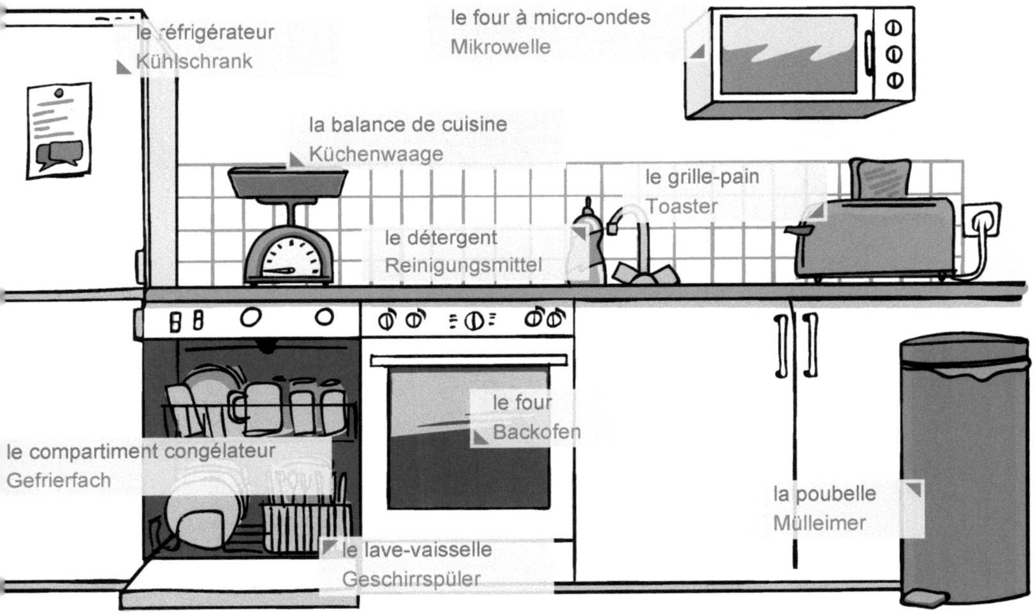

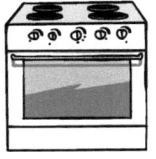

le four
....
Herd

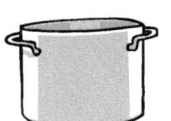

la casserole
....
Topf

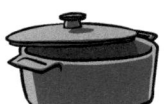

la marmite
....
Eisentopf

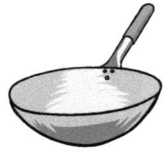

le wok / kadai
....
Wok / Kadai

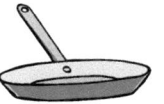

la poêle
....
Pfanne

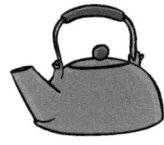

la bouilloire electrique
....
Wasserkocher

le cuiseur vapeur

Dampfgarer

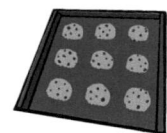

la plaque de cuisson

Backblech

la vaisselle

Geschirr

le gobelet

Becher

la coupe

Schale

les baguettes

Essstäbchen

la louche

Suppenkelle

la spatule

Pfannenwender

le fouet

Schneebesen

la passoire

Kochsieb

le tamis

Sieb

la râpe

Reibe

le mortier

Mörser

le barbecue

Grill

la cheminée

Feuerstelle

la planche à découper

Schneidebrett

le rouleau à pâtisserie

Nudelholz

le tire-bouchon

Korkenzieher

la boîte

Dose

l'ouvre-boîte

Dosenöffner

les maniques

Topflappen

le lavabo

Waschbecken

la brosse

Bürste

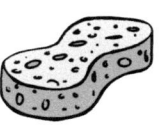

l'éponge

Schwamm

le mixeur

Mixer

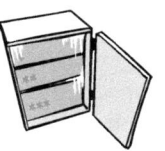

le congélateur

Gefriertruhe

le biberon

Babyflasche

le robinet

Wasserhahn

la salle de bain
Badezimmer

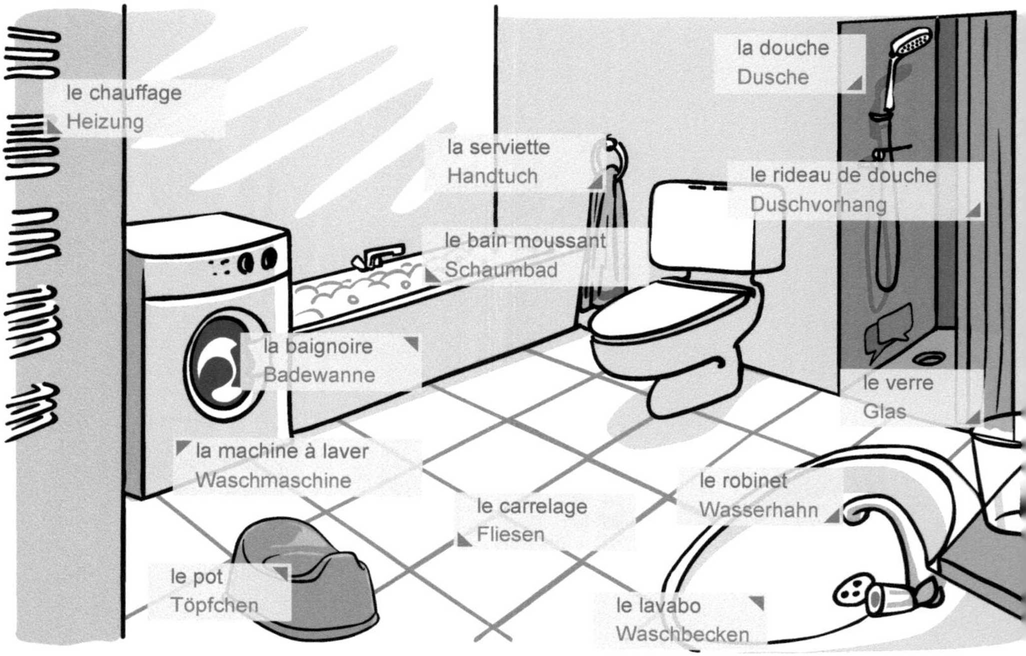
la douche
Dusche
le chauffage
Heizung
la serviette
Handtuch
le rideau de douche
Duschvorhang
le bain moussant
Schaumbad
la baignoire
Badewanne
le verre
Glas
la machine à laver
Waschmaschine
le robinet
Wasserhahn
le carrelage
Fliesen
le pot
Töpfchen
le lavabo
Waschbecken

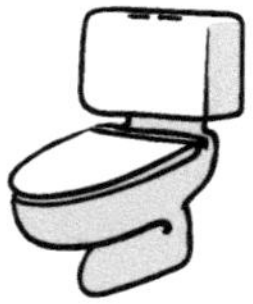

les toilettes

Toilette

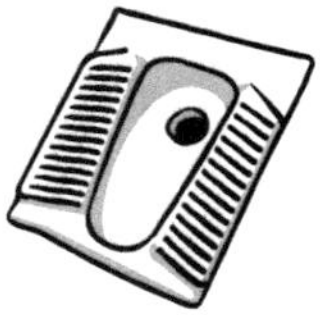

la toilette à la turque

Hocktoilette

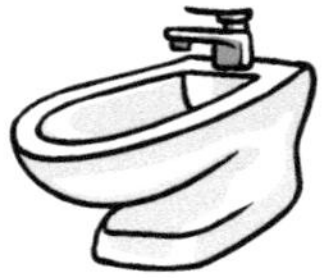

le bidet

Bidet

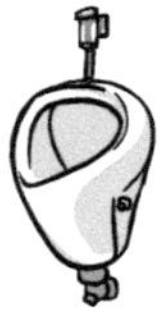

l'urinoir

Pissoir

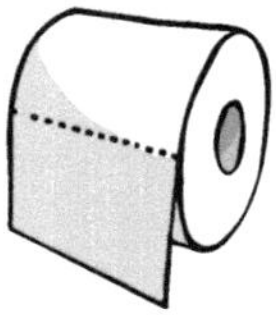

le papier toilette

Toilettenpapier

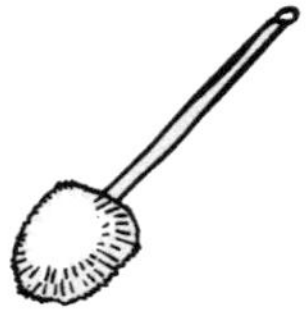

la brosse à toilette

Toilettenbürste

la brosse à dents

Zahnbürste

le dentifrice

Zahnpasta

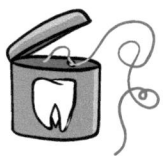

le fil dentaire

Zahnseide

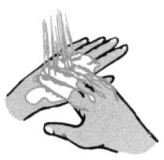

laver

waschen

la douche manuelle

Handbrause

la douche intime

Intimdusche

la vasque

Waschschüssel

la brosse dorsale

Rückenbürste

le savon

Seife

le gel douche

Duschgel

le shampooing

Shampoo

le gant de toilette

Waschlappen

l'écoulement

Abfluss

la crème

Creme

le déodorant

Deodorant

le miroir
Spiegel

le miroir cosmétique
Kosmetikspiegel

le rasoir
Rasierer

la mousse à raser
Rasierschaum

l'après-rasage
Rasierwasser

la peigne
Kamm

la brosse
Bürste

le sèche-cheveux
Föhn

la laque pour cheveux
Haarspray

le fond de teint
Makeup

le rouge à lèvres
Lippenstift

le vernis à ongles
Nagellack

l'ouate
Watte

le coupe-ongles
Nagelschere

le parfum
Parfum

la trousse de toilette

Kulturbeutel

le tabouret

Hocker

le pèse-personne

Waage

le peignoir

Bademantel

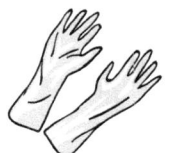

les gants de nettoyage

Gummihandschuhe

le tampon

Tampon

s serviettes hygiéniques

Damenbinde

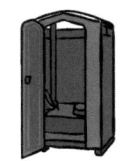

la toilette chimique

Chemietoilette

la chambre d'enfant
Kinderzimmer

le réveil
Wecker
le doudou
Kuscheltier
la voiture jouet
Spielzeugauto
le hochet
Rassel
la maison de poupée
Puppenhaus
le cadeau
Geschenk

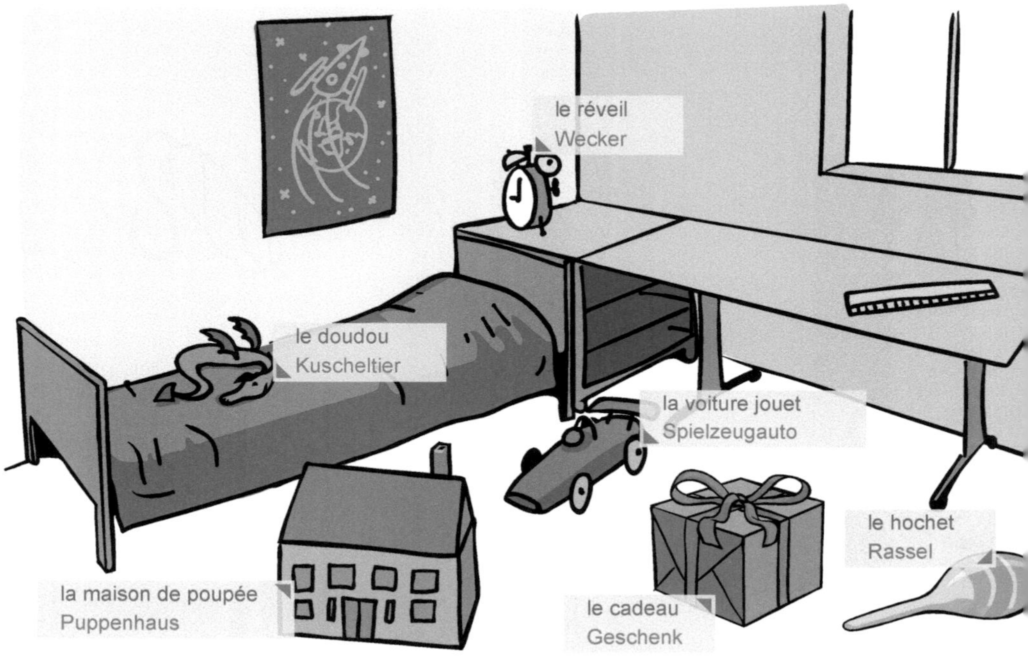

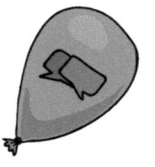

le ballon

Ballon

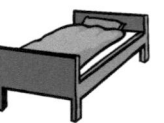

le lit

Bett

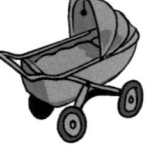

la poussette

Kinderwagen

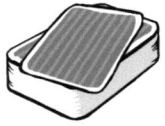

le jeu de cartes

Kartenspiel

le puzzle

Puzzle

SUPER MEGA

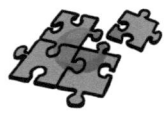

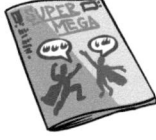

la bande dessinée

Comic

les pièces lego

Legosteine

les blocs de construction

Bausteine

la figurine

Action Figur

la grenouillère

Strampelanzug

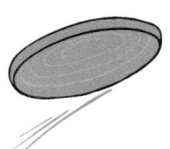

le frisbee

Frisbee

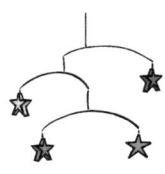

le mobile

Mobile

le jeu de société

Brettspiel

le dé

Würfel

le train miniature

Modelleisenbahn

la sucette

Schnuller

la fête

Party

le livre d'images

Bilderbuch

la balle

Ball

la poupée

Puppe

jouer

spielen

le bac à sable

Sandkasten

la balançoire

Schaukel

les jouets

Spielzeug

la console de jeu

Spielkonsole

le tricycle

Dreirad

l'ours en peluche

Teddy

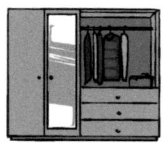

l'armoire

Kleiderschrank

les vêtements
Kleidung

les chaussettes

Socken

les bas

Strümpfe

le collant

Strumpfhose

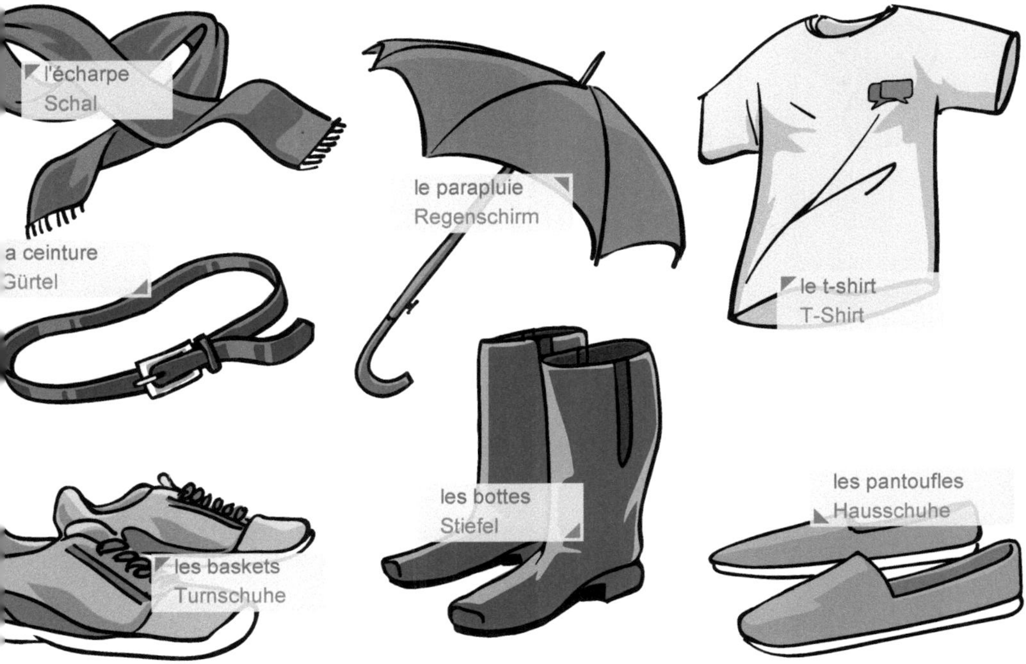

l'écharpe
Schal

le parapluie
Regenschirm

le t-shirt
T-Shirt

la ceinture
Gürtel

les bottes
Stiefel

les pantoufles
Hausschuhe

les baskets
Turnschuhe

les sandales
....
Sandalen

les chaussures
....
Schuhe

les bottes de caoutchouc
....
Gummistiefel

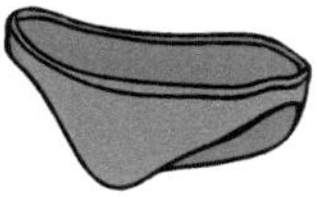

les sous-vêtements
....
Unterhose

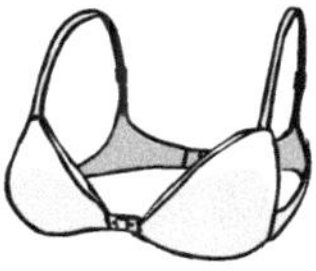

le soutien-gorge
....
Büstenhalter

le maillot de corps
....
Unterhemd

les vêtements - Kleidung

le body

Body

le pantalon

Hose

le jean

Jeans

la jupe

Rock

le chemisier

Bluse

la chemise

Hemd

le pull

Pullover

le sweat à capuche

Kapuzenpullover

la veste

Blazer

la veste

Jacke

le manteau

Mantel

l'imperméable

Regenmantel

le costume

Kostüm

la robe

Kleid

la robe de mariée

Hochzeitskleid

le costume

Anzug

la chemise de nuit

Nachthemd

le pyjama

Schlafanzug

le sari

Sari

le foulard

Kopftuch

le turban

Turban

la burqa

Burka

le caftan

Kaftan

l'abaya

Abaya

le maillot de bain

Badeanzug

le maillot de bain

Badehose

le short

Kurze Hose

la tenue d'entraînement

Trainingsanzug

le tablier

Schürze

les gants

Handschuhe

le bouton

Knopf

les lunettes

Brille

le bracelet

Armband

le collier

Halskette

la bague

Ring

la boucle d'oreille

Ohrring

le bonnet

Mütze

le cintre

Kleiderbügel

le chapeau

Hut

la cravate

Krawatte

la fermeture éclair

Reißverschluss

le casque

Helm

les bretelles

Hosenträger

l'uniforme scolaire

Schuluniform

l'uniforme

Uniform

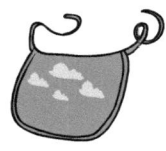

le bavoir

Lätzchen

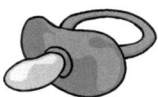

la sucette

Schnuller

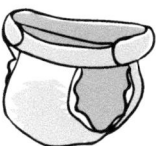

la lange

Windel

le bureau
Büro

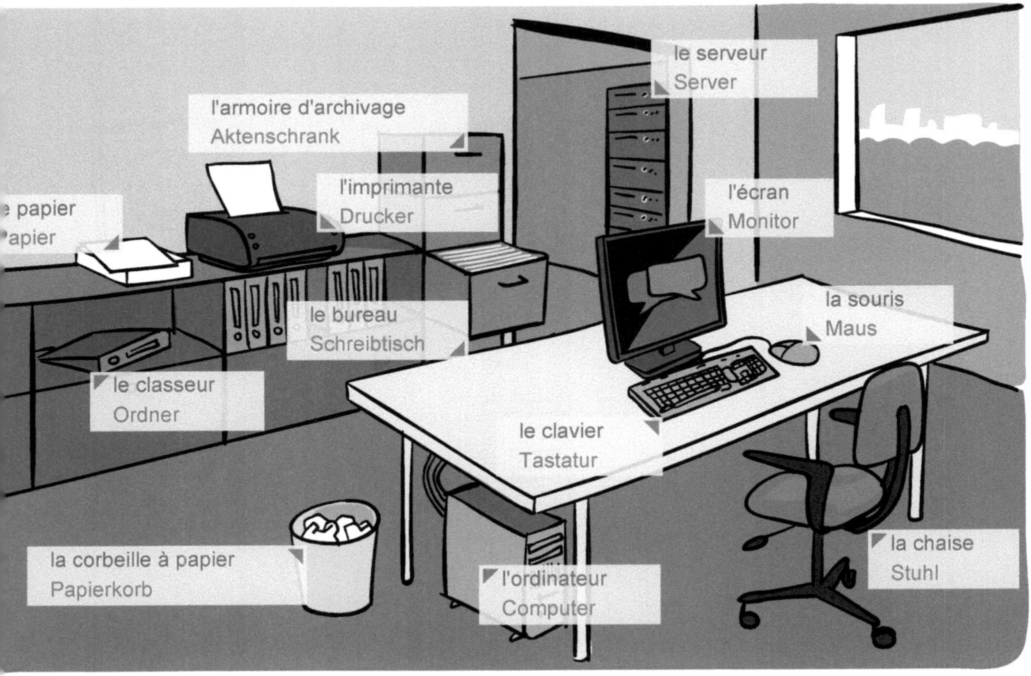

le serveur
Server
l'armoire d'archivage
Aktenschrank
papier
apier
l'imprimante
Drucker
l'écran
Monitor
la souris
Maus
le bureau
Schreibtisch
le classeur
Ordner
le clavier
Tastatur
la chaise
Stuhl
la corbeille à papier
Papierkorb
l'ordinateur
Computer

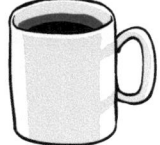

la tasse de café

Kaffeebecher

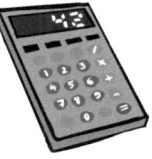

la calculatrice

Taschenrechner

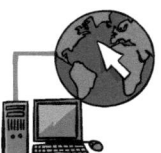

l'internet

Internet

l'ordinateur portable

Laptop

la lettre

Brief

le message

Nachricht

le portable

Handy

le réseau

Netzwerk

la photocopieuse

Kopierer

le logiciel

Software

le téléphone

Telefon

la prise

Steckdose

le fax

Fax

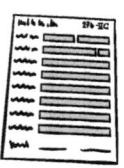

le formulaire

Formular

le document

Dokument

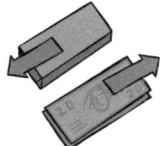

acheter
....
kaufen

payer
....
bezahlen

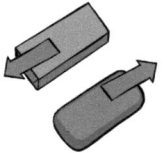

faire du commerce
....
handeln

la monnaie
....
Geld

le dollar
....
Dollar

l'euro
....
Euro

le yen
....
Yen

le rouble
....
Rubel

le franc suisse
....
Franken

le renminbi yuan
....
Renminbi Yuan

la roupie
....
Rupie

le distributeur automatique
....
Geldautomat

le bureau de change

Wechselstube

l'or

Gold

l'argent

Silber

le pétrole

Öl

l'énergie

Energie

le prix

Preis

le contrat

Vertrag

la taxe

Steuer

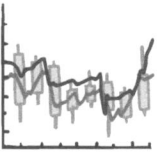

l'action

Aktie

travailler

arbeiten

l'employé

Angestellter

l'employeur

Arbeitgeber

l'usine

Fabrik

le magasin

Geschäft

l'agent de police
Polizist

le pompier
Feuerwehrmann

le cuisinier
Koch

le médecin
Arzt

le pilote
Pilot

le jardinier

Gärtner

le menuisier

Tischler

la couturière

Näherin

le juge

Richter

le chimiste

Chemiker

l'acteur

Schauspieler

le conducteur de bus

Busfahrer

le chauffeur de taxi

Taxifahrer

le pêcheur

Fischer

la femme de ménage

Putzfrau

le couvreur

Dachdecker

le serveur

Kellner

le chasseur

Jäger

le peintre

Maler

le boulanger

Bäcker

l'électricien

Elektriker

l'ouvrier

Bauarbeiter

l'ingénieur

Ingenieur

le boucher

Schlachter

le plombier

Klempner

le facteur

Postbote

le soldat

Soldat

l'architecte

Architekt

le caissier

Kassierer

le fleuriste

Florist

le coiffeur

Friseur

le contrôleur

Schaffner

le mécanicien

Mechaniker

le capitaine

Kapitän

le dentiste

Zahnarzt

le scientifique

Wissenschaftler

le rabbin

Rabbi

l'imam

Imam

le moine

Mönch

le prêtre

Geistlicher

les professions - Berufe

les outils
Werkzeuge

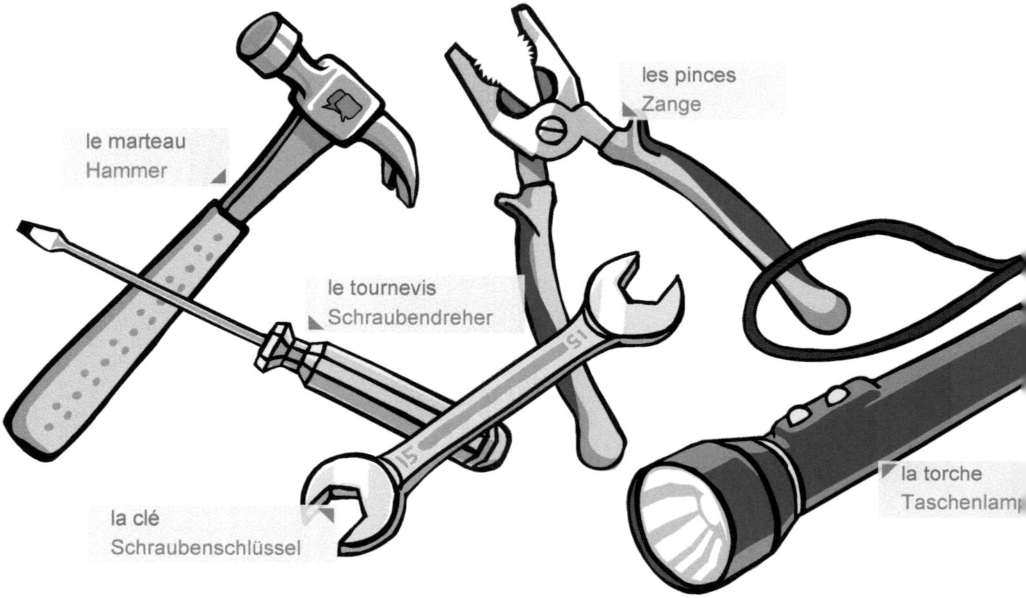

les pinces
Zange
le marteau
Hammer
le tournevis
Schraubendreher
la clé
Schraubenschlüssel
la torche
Taschenlamp

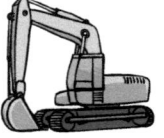

la pelleteuse

Bagger

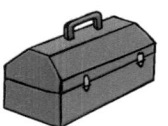

la boîte à outils

Werkzeugkasten

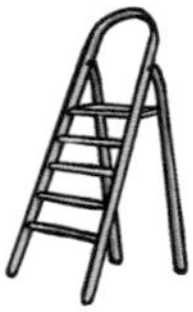

l'échelle

Leiter

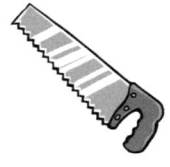

la scie

Säge

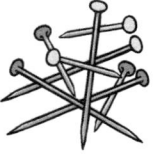

les clous

Nägel

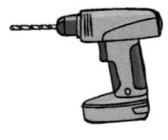

la perceuse

Bohrer

réparer

reparieren

la pelle

Schaufel

Mince !

Mist!

la pelle

Kehrblech

le pot de peinture

Farbtopf

les vis

Schrauben

les instruments de musique
Musikinstrumente

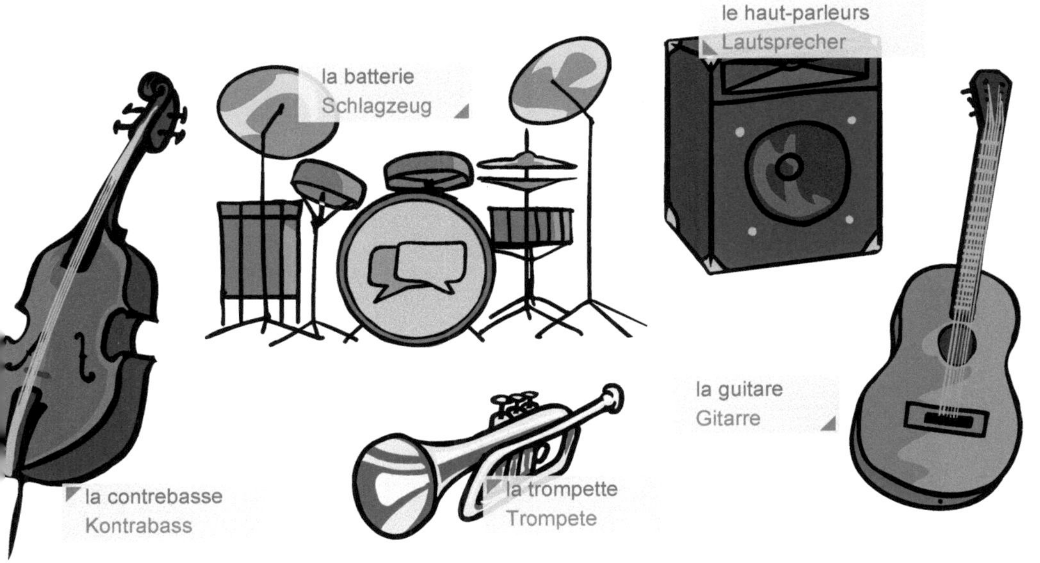

le haut-parleurs
Lautsprecher

la batterie
Schlagzeug

la guitare
Gitarre

la contrebasse
Kontrabass

la trompette
Trompete

le piano

Klavier

le violon

Violine

la basse

Bass

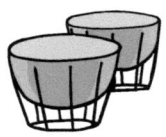

les timbales

Pauke

le tambour

Trommeln

le piano électrique

Keyboard

le saxophone

Saxophon

la flûte

Flöte

le microphone

Mikrofon

le zoo
Zoo

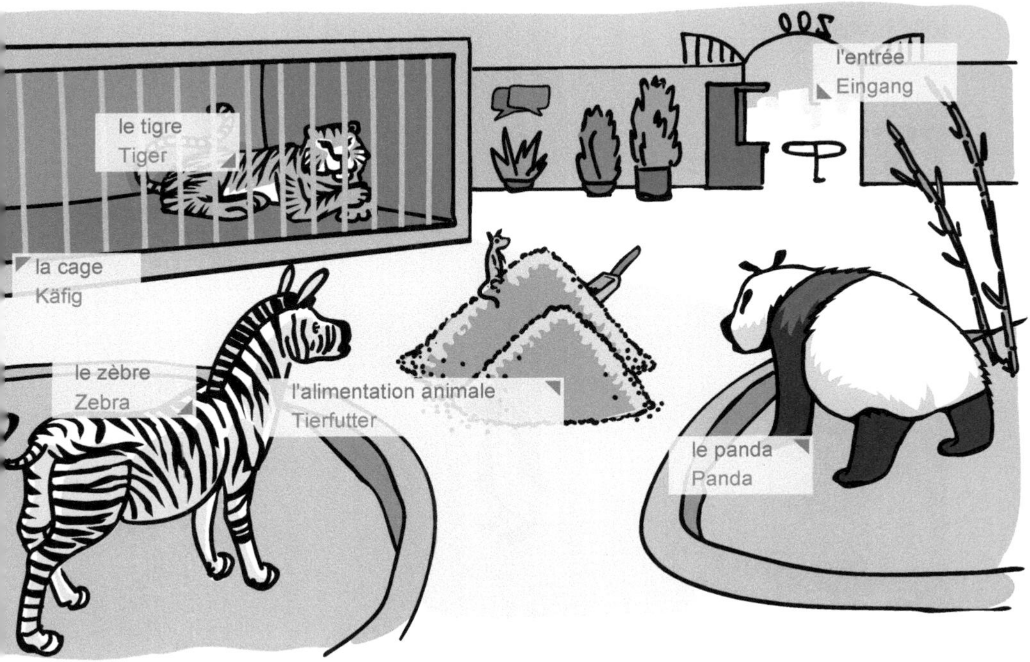
l'entrée
Eingang
le tigre
Tiger
la cage
Käfig
le zèbre
Zebra
l'alimentation animale
Tierfutter
le panda
Panda

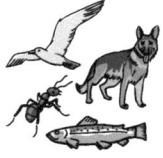

les animaux

Tiere

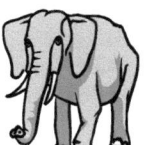

l'éléphant

Elefant

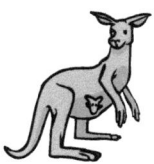

le kangourou

Känguru

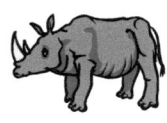

le rhinocéros

Nashorn

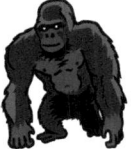

le gorille

Gorilla

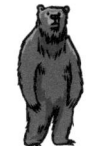

l'ours

Bär

le chameau

Kamel

l'autruche

Strauß

le lion

Löwe

le singe

Affe

le flamand rose

Flamingo

le perroquet

Papagei

l'ours polaire

Eisbär

le pingouin

Pinguin

le requin

Hai

le paon

Pfau

le serpent

Schlange

le crocodile

Krokodil

le gardien de zoo

Zoowärter

le phoque

Robbe

le jaguar

Jaguar

le poney

Pony

le léopard

Leopard

l'hippopotame

Nilpferd

la girafe

Giraffe

l'aigle

Adler

le sanglier

Wildschwein

le poisson

Fisch

la tortue

Schildkröte

le morse

Walross

le renard

Fuchs

la gazelle

Gazelle

l'american Football
American Football

le cyclisme
Radfahren

le tennis
Tennis

le basket-ball
Basketball

la natation
Schwimmen

la boxe
Boxen

le hockey sur glace
Eishockey

le football

Fußball

le badminton

Badminton

l'athlétisme

Leichtathletik

le handball

Handball

le ski

Skilaufen

le polo

Polo

sauter
springen

rire
lachen

embrasser
umarmen

marcher
gehen

chanter
singen

rêver
träumen

prier
beten

faire la bise
küssen

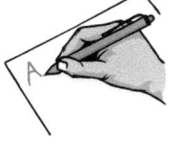

écrire
schreiben

dessiner
zeichnen

montrer
zeigen

pousser
drücken

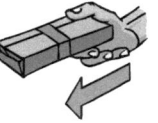

donner
geben

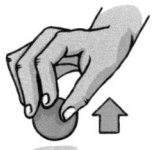

prendre
nehmen

avoir

haben

faire

tun

être

sein

être debout

stehen

courir

laufen

trier

ziehen

jeter

werfen

tomber

fallen

être couché

liegen

attendre

warten

porter

tragen

être assis

sitzen

s'habiller

anziehen

dormir

schlafen

se réveiller

aufwachen

regarder
ansehen

pleurer
weinen

caresser
streicheln

peigner
kämmen

parler
reden

comprendre
verstehen

demander
fragen

écouter
hören

boire
trinken

manger
essen

ranger
aufräumen

aimer
lieben

cuire
kochen

conduire
fahren

voler
fliegen

faire de la voile

segeln

calculer

rechnen

lire

lesen

apprendre

lernen

travailler

arbeiten

se marier

heiraten

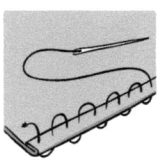

coudre

nähen

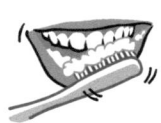

brosser les dents

Zähne putzen

tuer

töten

fumer

rauchen

envoyer

senden

la famille
Familie

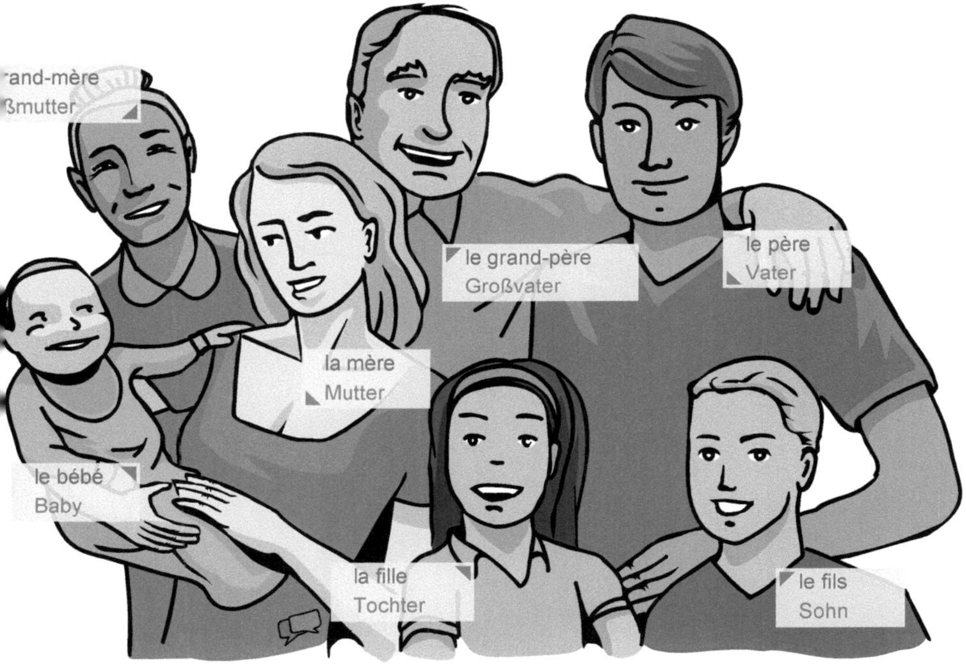

rand-mère
ßmutter
le grand-père
Großvater
le père
Vater
la mère
Mutter
le bébé
Baby
la fille
Tochter
le fils
Sohn

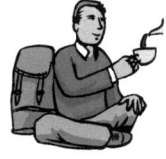

l'hôte
Gast

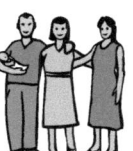

la tante
Tante

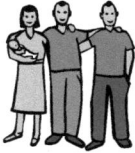

l'oncle
Onkel

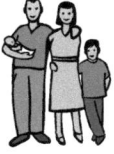

le frère
Bruder

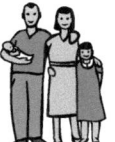

la sœur
Schwester

le corps
Körper

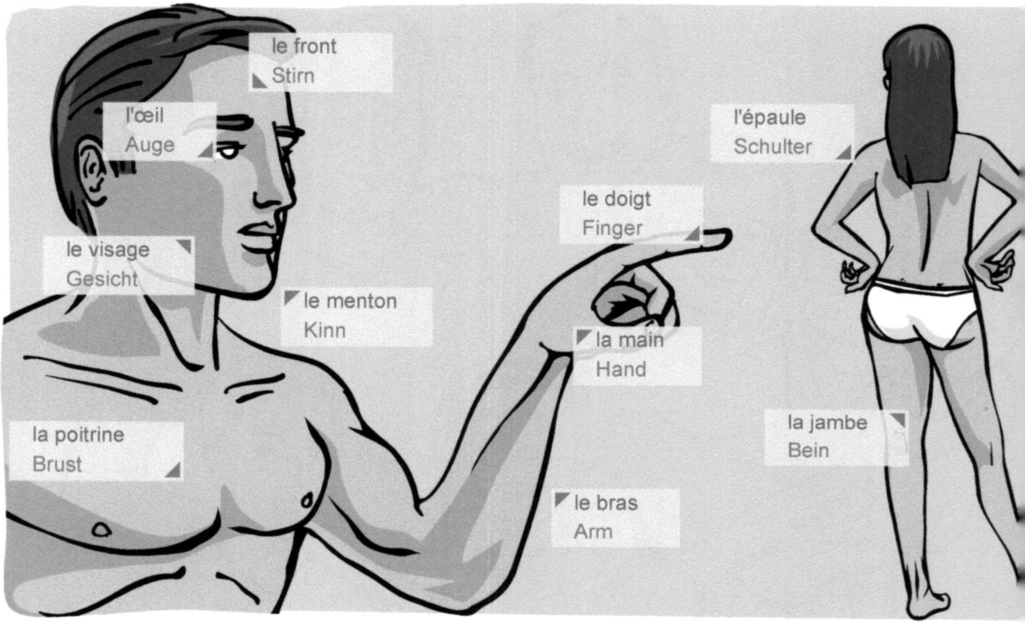
le front
Stirn
l'œil
Auge
l'épaule
Schulter
le doigt
Finger
le visage
Gesicht
le menton
Kinn
la main
Hand
la jambe
Bein
la poitrine
Brust
le bras
Arm

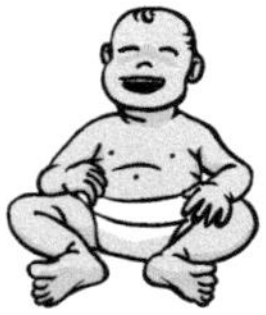
le bébé
Baby

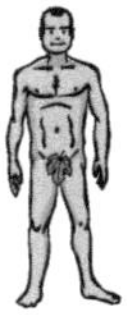
l'homme
Mann

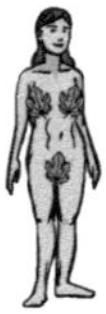
la femme
Frau

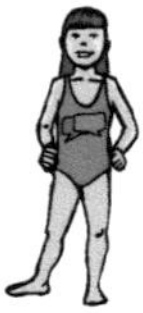
la fille
Mädchen

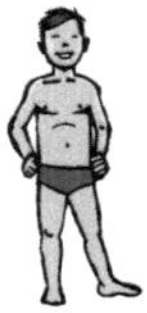
le garçon
Junge

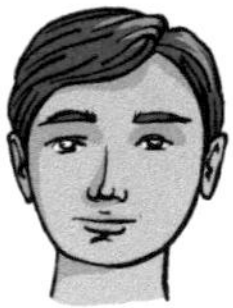
la tête
Kopf

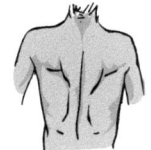

le dos

Rücken

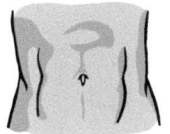

le ventre

Bauch

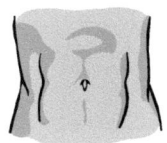

le nombril

Nabel

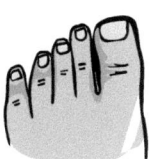

l'orteil

Zeh

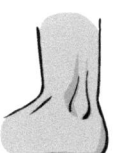

le talon

Ferse

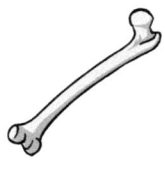

l'os

Knochen

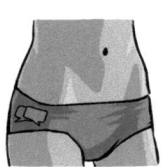

la hanche

Hüfte

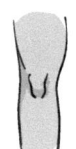

le genou

Knie

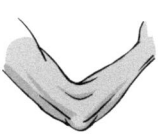

le coude

Ellenbogen

le nez

Nase

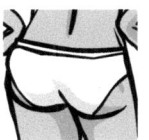

les fesses

Gesäß

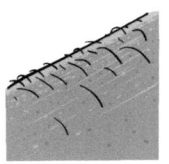

la peau

Haut

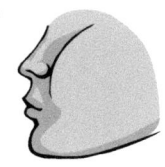

la joue

Wange

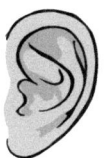

l'oreille

Ohr

la lèvre

Lippe

la bouche

Mund

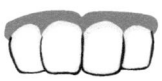

la dent

Zahn

la langue

Zunge

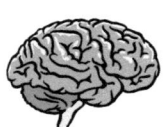

le cerveau

Gehirn

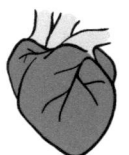

le cœur

Herz

le muscle

Muskel

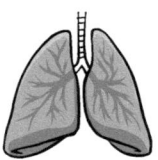

les poumons

Lunge

le foie

Leber

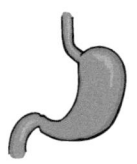

l'estomac

Magen

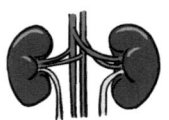

les reins

Nieren

le rapport sexuel

Geschlechtsverkehr

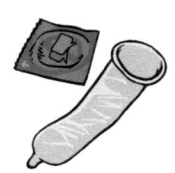

le préservatif

Kondom

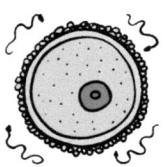

l'ovule

Eizelle

le sperme

Sperma

la grossesse

Schwangerschaft

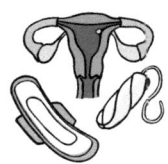

la menstruation

Menstruation

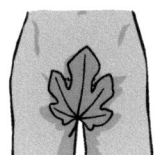

le vagin

Vagina

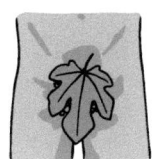

le pénis

Penis

le sourcil

Augenbraue

les cheveux

Haar

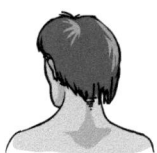

le cou

Hals

l'hôpital
Krankenhaus

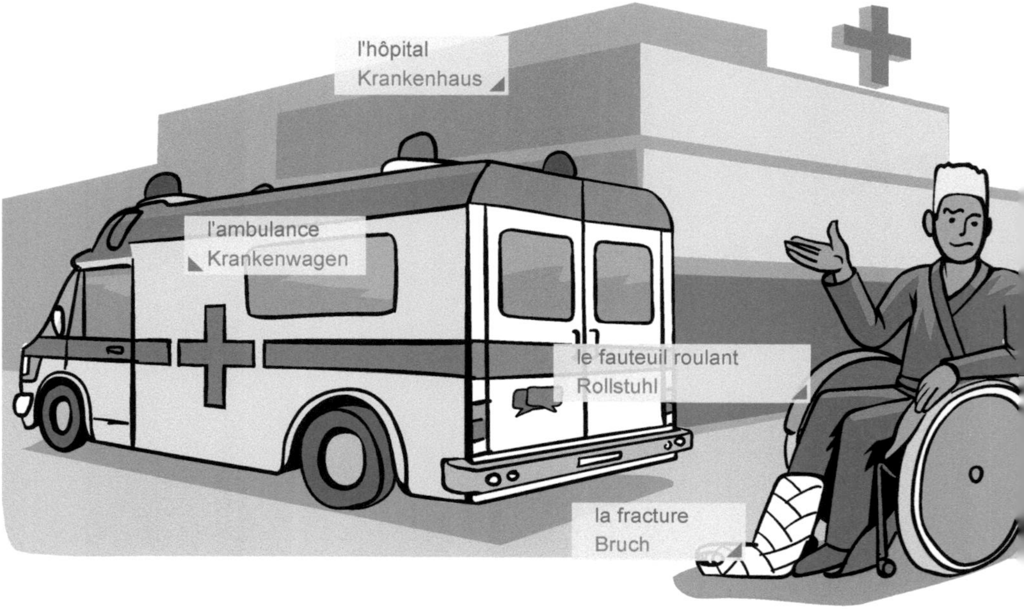

l'hôpital
Krankenhaus
l'ambulance
Krankenwagen
le fauteuil roulant
Rollstuhl
la fracture
Bruch

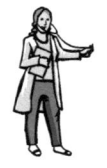

le médecin

Arzt

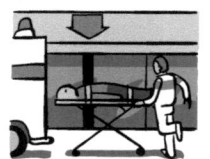

le service des urgences

Notaufnahme

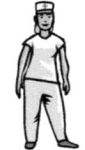

l'infirmière

Krankenschwester

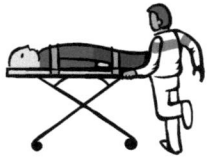

l'urgence

Notfall

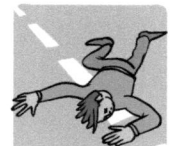

inconscient

ohnmächtig

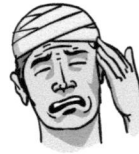

la douleur

Schmerz

la blessure

Verletzung

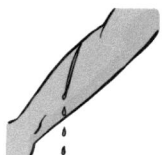

l'hémorragie

Blutung

la crise cardiaque

Herzinfarkt

l'attaque cérébrale

Schlaganfall

l'allergie

Allergie

la toux

Husten

la fièvre

Fieber

la grippe

Grippe

la diarrhée

Durchfall

le mal de tête

Kopfschmerzen

le cancer

Krebs

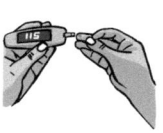

le diabète

Diabetis

le chirurgien

Chirurg

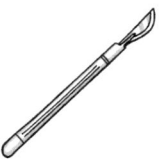

le scalpel

Skalpell

l'opération

Operation

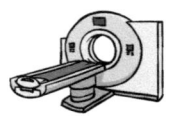

le CT

CT

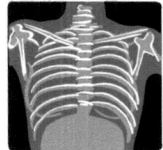

la radiographie

Röntgen

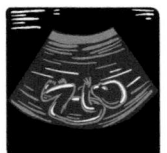

l'échographie

Ultraschall

le masque

Maske

la maladie

Krankheit

la salle d'attente

Wartezimmer

la béquille

Krücke

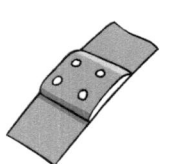

le pansement

Pflaster

le pansement

Verband

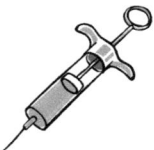

l'injection

Injektion

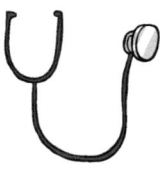

le stéthoscope

Stethoskop

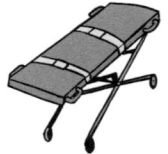

le brancard

Trage

le thermomètre

Thermometer

l'accouchement

Geburt

la surcharge pondérale

Übergewicht

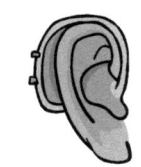

l'appareil auditif

Hörgerät

le désinfectant

Desinfektionsmittel

l'infection

Infektion

le virus

Virus

le VIH / le sida

HIV / AIDS

le médicament

Medizin

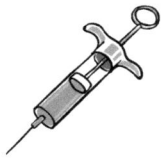

la vaccination

Impfung

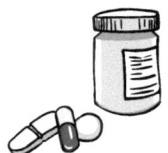

les comprimés

Tabletten

la pilule

Pille

l'appel d'urgence

Notruf

le tensiomètre

Blutdruck-Messgerät

malade / sain

krank / gesund

Au secours !

Hilfe!

l'alarme

Alarm

l'assaut

Überfall

l'attaque

Angriff

le danger

Gefahr

la sortie de secours

Notausgang

Au feu!

Feuer!

l'extincteur

Feuerlöscher

l'accident

Unfall

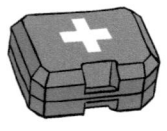

la trousse de premier secours

Erste-Hilfe-Koffer

SOS

SOS

la police

Polizei

l'Europe

Europa

l'Amérique du Nord

Nordamerika

l'Amérique du Sud

Südamerika

l'Afrique

Afrika

l'Asie

Asien

l'Australie

Australien

l'Océan atlantique

Atlantik

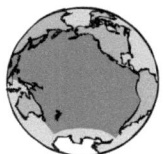

l'Océan pacifique

Pazifik

l'Océan indien

Indischer Ozean

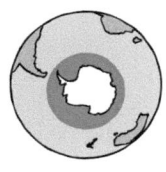

l'Océan antarctique

Antarktischer Ozean

l'Océan arctique

Arktischer Ozean

le Pôle nord

Nordpol

le Pôle sud

Südpol

l'Antarctique

Antarktis

la terre

Erde

le pays

Land

la mer

Meer

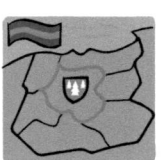

l'île

Insel

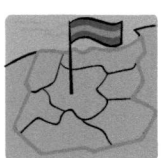

la nation

Nation

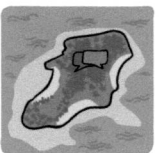

l'état

Staat

le cadran

Zifferblatt

l'aiguille des heures

Stundenzeiger

l'aiguille des minutes

Minutenzeiger

aiguille des secondes

Sekundenzeiger

Quelle heure est-il ?

Wie spät ist es?

le jour

Tag

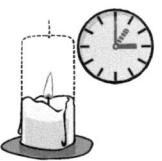

le temps

Zeit

maintenant

jetzt

la montre digitale

Digitaluhr

la minute

Minute

l'heure

Stunde

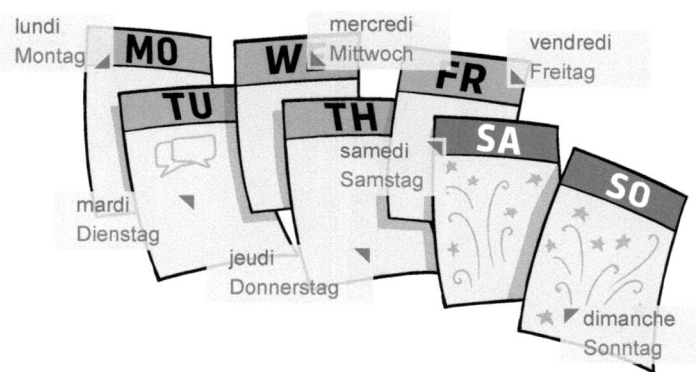

lundi
Montag
MO
W
mercredi
Mittwoch
FR
vendredi
Freitag
TU
TH
SA
SO
samedi
Samstag
mardi
Dienstag
jeudi
Donnerstag
dimanche
Sonntag

hier

gestern

aujourd'hui

heute

demain

morgen

le matin

Morgen

le midi

Mittag

le soir

Abend

les jours ouvrables

Arbeitstage

le week-end

Wochenende

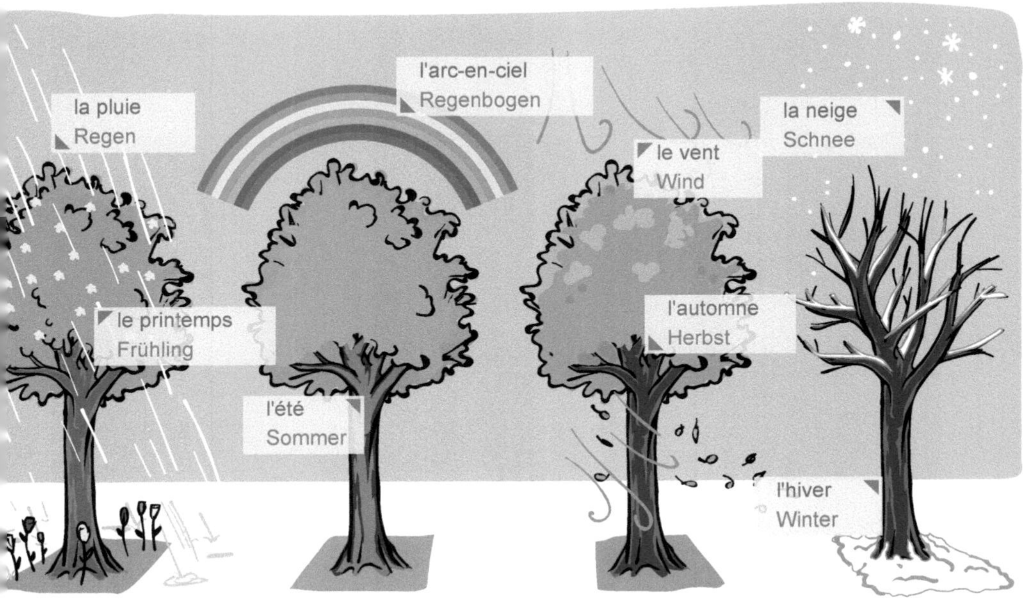

la pluie
Regen

l'arc-en-ciel
Regenbogen

le vent
Wind

la neige
Schnee

le printemps
Frühling

l'automne
Herbst

l'été
Sommer

l'hiver
Winter

la météo

Wettervorhersage

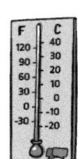

le thermomètre

Thermometer

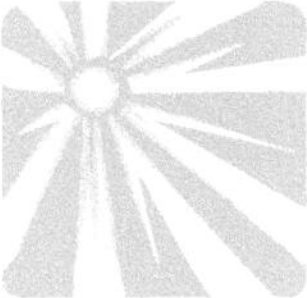

la lumière du soleil

Sonnenschein

le nuage

Wolke

le brouillard

Nebel

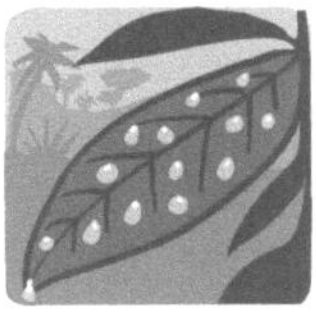

l'humidité

Luftfeuchtigkeit

la foudre

Blitz

la tonnerre

Donner

la tempête

Sturm

la grêle

Hagel

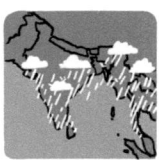

la mousson

Monsun

l'inondation

Flut

la glace

Eis

janvier

Januar

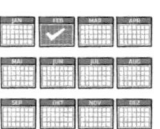

février

Februar

mars

März

avril

April

mai

Mai

juin

Juni

juillet

Juli

août

August

septembre

September

octobre

Oktober

novembre

November

décembre

Dezember

les formes
Formen

le cercle

Kreis

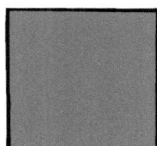

le carré

Quadrat

le rectangle

Rechteck

le triangle

Dreieck

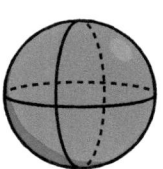

la sphère

Kugel

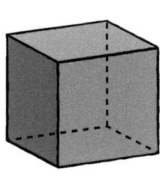

le cube

Würfel

blanc
....
weiß

jaune
....
gelb

orange
....
orange

rose
....
pink

rouge
....
rot

violet
....
lila

bleu
....
blau

vert
....
grün

marron
....
braun

gris
....
grau

noir
....
schwarz

beaucoup / peu

viel / wenig

fâché / calme

wütend / friedlich

joli / laid

hübsch / hässlich

le début / la fin

Anfang / Ende

grand / petit

groß / klein

clair / obscure

hell / dunkel

frère / soeur

Bruder / Schwester

propre / sale

sauber / schmutzig

complet / incomplet

vollständig / unvollständig

le jour / la nuit

Tag / Nacht

mort / vivant

tot / lebendig

large / étroit

breit / schmal

comestible / incomestible

genießbar / ungenießbar

méchant / gentil

böse / freundlich

excité / ennuyé

aufgeregt / gelangweilt

gros / mince

dick / dünn

le premier / le dernier

zuerst / zuletzt

l'ami / l'ennemi

Freund / Feind

plein / vide

voll / leer

dur / souple

hart / weich

lourd / léger

schwer / leicht

faim / soif

Hunger / Durst

malade / sain

krank / gesund

illégal / légal

illegal / legal

intelligent / stupide

intelligent / dumm

gauche / droite

links / rechts

proche / loin

nah / fern

nouveau / usé

neu / gebraucht

rien / quelque chose

nichts / etwas

vieux / jeune

alt / jung

marche / arrêt

an / aus

ouvert / fermé

offen / geschlossen

faible / fort

leise / laut

riche / pauvre

reich / arm

correct / incorrect

richtig / falsch

rugueux / lisse

rau / glatt

triste / heureux

traurig / glücklich

court / long

kurz / lang

lent / rapide

langsam / schnell

mouillé / sec

nass / trocken

chaud / froid

warm / kühl

la guerre / la paix

Krieg / Frieden

les nombres

Zahlen

0

zéro
null

1

un / une
eins

2

deux
zwei

3

trois
drei

4

quatre
vier

5

cinq
fünf

6

six
sechs

7

sept
sieben

8

huit
acht

9

neuf
neun

10

dix
zehn

11

onze
elf

12
douze
zwölf

13
treize
dreizehn

14
quatorze
vierzehn

15
quinze
fünfzehn

16
seize
sechzehn

17
dix-sept
siebzehn

18
dix-huit
achtzehn

19
dix-neuf
neunzehn

20
vingt
zwanzig

100
cent
hundert

1.000
mille
tausend

1.000.000
le million
million

les nombres - Zahlen

l'anglais
....
Englisch

l'anglais américain
....
Amerikanisches Englisch

le chinois mandarin
....
Chinesisch Mandarin

le hindi
....
Hindi

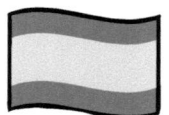

l'espagnol
....
Spanisch

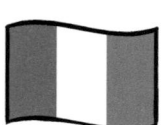

le français
....
Französisch

l'arabe
....
Arabisch

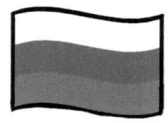

le russe
....
Russisch

le portugais
....
Portugiesisch

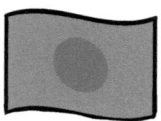

le bengali
....
Bengalisch

l'allemand
....
Deutsch

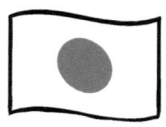

le japonais
....
Japanisch

je

ich

tu

du

il / elle / ce, c', cela

er / sie / es

nous

wir

vous

ihr

ils / elles

sie

Qui ?

wer?

Quoi ?

was?

Comment ?

wie?

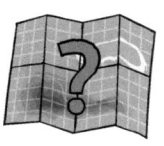

Où ?

wo?

Quand ?

wann?

le nom

Name

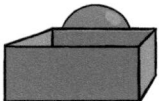

derrière

hinter

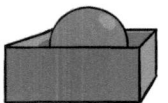

dans

in

devant

vor

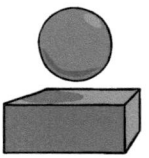

au-dessus

über

sur

auf

en-dessous

unter

à côté de

neben

entre

zwischen

le lieu

Ort